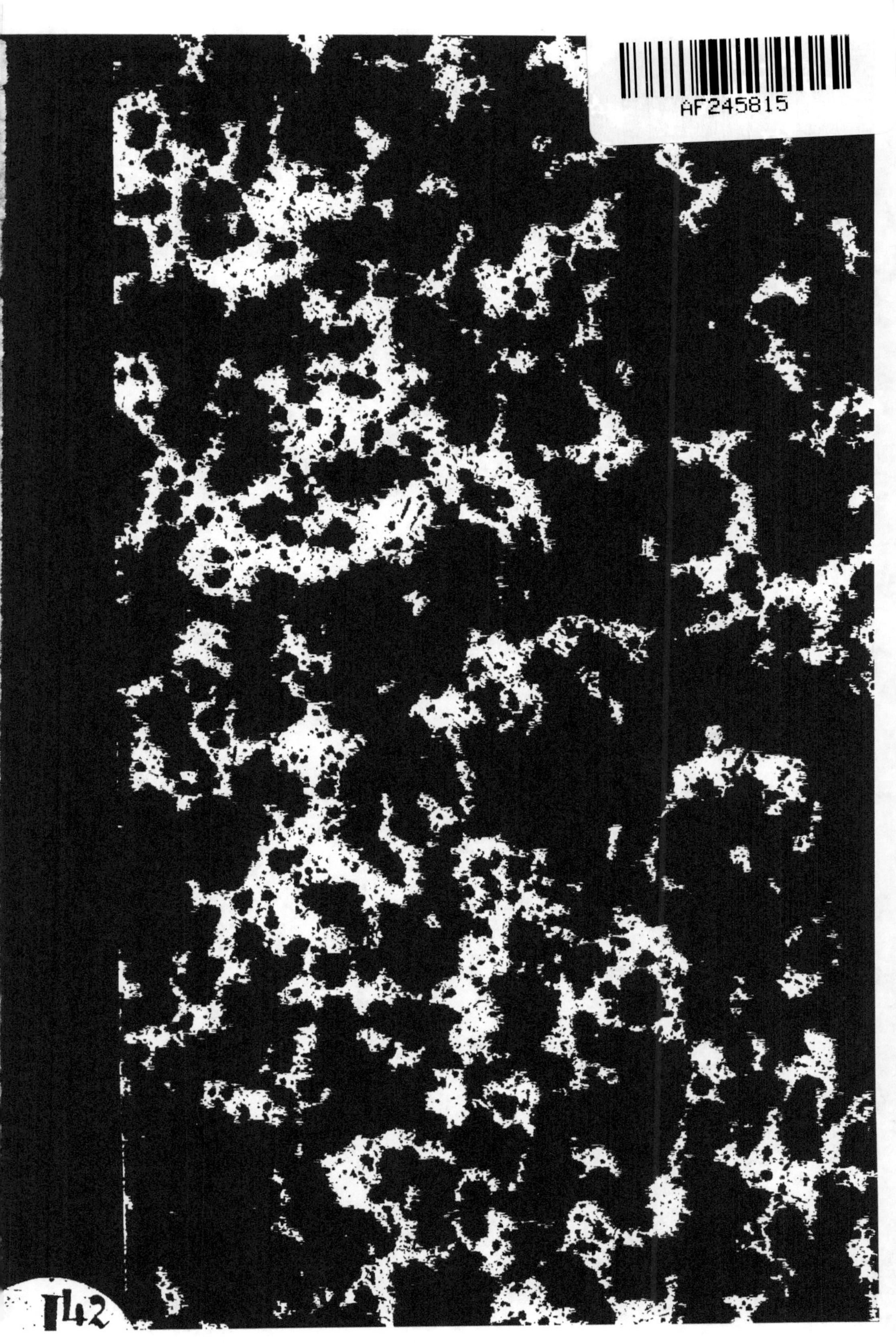
AF245815
TL42

RÉFLEXIONS

D'UN

NÉGOCIANT ET JURISCONSULTE

BATAVE,

À l'occasion du rapport du citoyen R I O U , membre du conseil des cinq - cents.

Du 28 Messidor.

---

*Nil ego peccavi, nisi si peccasse vocatur
annua cultori poma referre suo.*

Je n'ai point de crime , si on ne peut appeller
crime d'être utile à tous.

RÉFLEXIONS

D'UN

NÉGOCIANT ET JURISCONSULTE

BATAVE,

A l'occasion du rapport du citoyen Riou, membre du conseil des cinq-cents.

Arraché à un état ou à des états fort occupés, transporté ici dans le seul but d'éclaircir de près ce qui se passe dans la matière des captures ; chargé, à cette fin, de la confiance de mes concitoyens intéressés au-delà du possible dans ces procédures ; avoué *ad hoc* du gouvernement municipal de ma ville natale, aussi bien que du gouvernement batave lui-même, il était naturel que tout ce qui a rapport à ma mission eût droit de m'intéresser, et, par conséquent, était-il naturel que le rapport du citoyen

Riou , membre du conseil des cinq-cents , le fît doublement ? ce ne sont pas les idées d'un écrivain ordinaire , qui , s'il a le bonheur d'être lu , ne fait qu'occuper ou amuser quelques personnes désœuvrées , c'est un membre de la législation qui parle pour éclairer ses collègues , et dont l'autorité pourrait entraîner ceux-ci d'autant plus facilement , qu'outre ses talens personnels , on doit le supposer plus au fait du corsairage , et plus à portée de recevoir des informations , que le plus grand nombre des autres (1).

La lecture de ce rapport a fait naître quelques réflexions , que plusieurs raisons , indifférentes au public , m'ont fait coucher sur le papier ; car , pour le rapport lui-même , et sur-tout les trois projets de décret , ils ne semblent nous intéresser , nous Bataves , et autres amis et alliés de la France , ou neutres , QUE PARCE QUE NOUS Y SOMMES TOTALEMENT OUBLIÉS. Je croirais trahir la confiance placée en moi , si je n'embrassais tous les moyens et toutes les occasions qui s'offrent

____

(1) Le citoyen Riou est du port de Brest , d'où on a armé et arme encore considérablement en course.

(5)

pour tâcher d'adoucir le sort du commerçant
batave, pour du moins être l'interprète de
ses plaintes ; c'est la dernière consolation qui
reste aux malheureux.

Mais ici, c'est plus : verser ses soucis dans
le sein de la nation française, est, pour la
batave, confier ses peines à son ami, à son
protecteur, assez bienveillant pour vouloir
et assez puissant pour pouvoir y remédier
efficacement. Ainsi, sans l'avantage que me
donnent ces considérations et la justice évidente, palpable, de la cause en faveur de
laquelle j'ose entreprendre de parler, mille
raisons m'auraient fermé la bouche. Etran-
ger dans ce pays, écrivant dans une langue
qui m'est également étrangère, me trouvant
en opposition avec les plus puissans intérêts
d'un corps nombreux, intrigant, avide, et
qui ne négligera aucun moyen, aucune peine
pour parvenir à son but, ma démarche avoi-
sine à la témérité. Mais l'intérét de mes
commettans l'exige ; toute autre considération doit cesser.

L'armement en course, pris en général,
n'est point directement du ressort des réflexions suivantes Il ne s'agit principale-
ment que de la manière dont il est exercé,

A 3

non pas en pleine mer, mais dans les rades des nations amies ou alliées et toujours indépendantes, et spécialement aux deux embouchures de la Meuse. Il ne m'appartient point d'indiquer le changement qu'il convient d'introduire dans le mode de constater la validité des prises ; une telle prétention serait aussi ridicule que punissable. Il me suffit de voir que le directoire, adoptant le rapport du ministre des relations extérieures, pose en fait, dans son message du 22 floréal, *qu'il est indispensable que cette partie de la législation française soit changée.* Il me suffit, après cela, de prouver que ce que le directoire pose en fait, pour le général, est très-vrai pour la batave, qui a ses propriétés sur toutes les mers, et qui, comme fidèle alliée de la république française, réclame la protection de celle-ci dans tous les ports.

Le citoyen Riou, semble dans son rapport prendre pour fondement général de ses conclusions L'UTILITÉ PUBLIQUE. *Salus populi suprema lex esto.* S'il est un principe dont on abuse, c'est bien celui-là. Le tyran opprime, le factieux renverse, et l'un et l'autre réclament le bien public. Semblable à la Fable de la Fontaine, le tapissier veut guérir sa parente par une tapisserie ; le bijoutier , par une garniture de diamans ; et de nos jours, un armateur de Brest , de Dunkerque ou d'ailleurs , vous dira , sans rougir , que si la course n'est pas protégée, encouragée , même dans ses écarts , la chose publique est en danger. Quoi qu'il en soit , je veux bien discuter le point avec mes antagonistes, quelque humiliant qu'il soit , pour celui qui est l'interprète des sentimens d'un corps de citoyens utiles , respectables , vivant de leurs talens, de leur industrie , osant se sacrifier lorsque le bien public l'exige ; quelque humiliant , dis - je, qu'il soit d'entrer en lice avec un corps de gens dont la fortune n'est basée que sur la ruine de l'homme industrieux, et desquels les moyens qu'ils mettent en avant pour conserver leurs acquisitions, sont analogues avec ceux employés pour les faire , si ce n'est que , dans ceux-ci , la violence , et dans ceux-là , l'astuce dominent ; d'un corps d'hommes qu'il ne faut guère connaître *pour les estimer*.

Entrons en matière , et abrégeons. La course, comme on l'a pratique aujourd'hui contre les neutres , est-elle utile à la France ? ne lui est-elle pas au contraire très nuisible ? Première question.

A 4

(8)

La course , comme on la pratique aujourd'hui contre les neutres , est-elle confor-
me au droit des gens fondé sur la loi naturelle ? Seconde question.

Enfin, spécialement le corsairage aux embouchures de la Meuse est-il justifiable par
le premier motif., et sur les principes du
second point ? dernière question.

Commençons par établir la jurisprudence
du corsairage en général.

Une portion, quelque petite qu'elle soit,
de marchandises fabriquées ou production
anglaise , rend confiscable le navire, quoique. neutre , et le surplus du chargement
quoique production et propriété neutre ,
ou amie.

Toute propriété anglaise rend confiscable
le même navire neutre , et le surplus du
chargement, quoique propriété neutre , ennemie ou alliée.

Quant à la justification de la proprité
l'onus probandi , d'après des formes rigou-
reuses tombe à la charge des capturés.

Cette jurisprudence qui a précisément in-
verti les principes, non-seulement de la neutralité armée, mais encore ceux sanctionnés
solemnellement par la France, avant la guerre

de 1780, et qui entraînèrent la Hollande dans cette guerre, principes qui étaient devenus le fondement du droit des gens universellement reçu, quoique sans être avoués de l'Angleterre ; cette jurisprudence moderne, dis-je, est non-seulement dure aux navigateurs neutres, et aux neutres alliés qui confient leur propriétés sous la sauve-garde de leurs pavillons ; mais on l'a rendue plus désastrueuse pour eux, par la rigueur avec laquelle on exige que des étrangers remplissent des formes prescrites en France, le plus souvent inconnues à ces étrangers ; souvent, inconnues en France, aux législateurs mêmes, à moins qu'elles ne le soient par esprit de prophétie.

Les tribunaux s'attachant strictement à la lettre de la loi, ne considèrent point que la loi n'a pu être connue de ceux qui sont traduits devant leur tribunal. Ce n'est pas le lieu d'entreprendre de démontrer l'injustice de cette procédure ; arrêtons-nous à ses effets ; les voici en deux mots : tout commerce des neutres est anéanti. Cela est-il *utile* à la France ? et comment, au nom de tout ce qui est saint et sacré au nom du bon sens, le serait-il, le peut-il être ? Il ne faut point discuter s'il est avantageux à la France de s'emparer *per fas et nefas*, d'une propriété quelconque, pourvu qu'elle en vaille la peine. Cet avantage momentané et mal-entendu lui ferait acheter quelques petites sommes, qui encore se dissiperaient aux trois quarts et demi, au prix de sa gloire, de la justice immuable et de la malveillance de l'Europe entière, qui, plus elle est tenue en respect par la puissance, plus elle éclate au premier moment favorable. Ce point pourrait être mis en question dans la chambre d'un corsaire ou dans le bureau d'un armateur; mais de le supposer problematique chez une législation qui, si elle est la première de l'univers, doit être aussi la plus juste, serait lui faire l'insulte la plus outrageante.

La question est, si d'entraver la navigation des neutres, peut produire l'effet que l'on s'en promet contre les anglais? Et d'abord on se demande assez naturellement, qu'entend-on par le commerce des anglais? n'est-ce pas, peut-être autre chose que le débit de leurs productions, l'échange ou le transport de leurs propriétés...?

De bonne foi, je crois que c'est la tout; et si cela est, qu'a de commun avec la production, avec la propriété ennemie une marchandise production neutre et ma propriété ? Pourquoi faut-il que ce ballot reprouvé imprime par contact un caractère de reprobation au mien qui le rende sujet à une punition égale ?

Suis-je Anglais pour avoir couché sous le même toit avec un Anglais....? La supposition apprêterait au rire, si les effets n'en faisaient passer l'envie. Ma garance, mon lin, ma marchandise quelconque devient-elle anglaise et, comme telle, confiscable, parce qu'un de mes confrères négocians a mis à bord quelques aunes de drap anglais...? Retiré-je quelque profit de cet acte de mon confrère ? Ne l'empêcherais-je donc pas, si je le savais, si je pouvais le savoir, si j'avais le droit de visite et de vérification ? (le simple sens commun doit faire présumer que je l'aurais prévenu, si j'avais pu). Mais comme je n'ai pas ce droit, peut-on donc, avec ombre de justice, me rendre responsable du fait d'autrui, m'en punir à l'égal du coupable ? ce serait renverser toutes les idées du juste et de l'injuste.

Culpá vacat qui prœvidere non potuit.... et encore *qui prohibere non potest, non mandare videtur.* Ces principes éternels,

immuables , qui furent avant toute institu-
tion civile , ne sauraient être changés par
aucune législation.

Ce qui est vrai , relativement aux co-char-
geurs , l'est également pour le navire neutre.
Le patron n'ayant non plus cette faculté de
vérifier , est pourtant rendu responsable d'un
fait qui lui est aussi étranger qu'inconnu.

Il est donc de fait que, dans le dessein d'empêcher le commerce réprouvé par l'intérêt
commun , on empêche efficacement celui des
neutres , de ses amis et même de ses alliés ;
commerce qui, dans un moment que les Français paraissent individuellement s'occuper
bien peu du leur , aurait au moins, à leurs
négocians , pu fournir des approvisionne-
mens de choses de nécessité , et aurait très-
certainement fait faire des exportations de
productions du sol ou de l'art français , suffisantes et au-delà , pour encourager et ré-
compenser le cultivateur et l'artisan ; pour
entretenir l'esprit de commerce qui , une fois
perdu , ne revient jamais, ou du moins jamais que partiellement (1). C'est mal vu ,

____

(1) Ne voit-on pas l'exemple dans la ville d'Anvers ?
N'est-elle pas aujourd'hui dans la même position et

ue de dire le commerce re-
e sera pas un négociant qui le
mme versé dans l'histoire du
le croira point ; et d'abord ,
ntanée ou temporaire, il est
s une perte réelle , de pré-
Et lorsque , par des éta-
ux , par des conquêtes
s traces d'Alexandre , la
ux, se serra ouvert et assuré
ches d'un commerce brillant ,
t-il pas mieux pour elle avoir un
nombre de négocians entendus , qui
aient pas quitté l'esprit et la routine du
mmerce , tous prêts à en profiter , tous
prêts à concevoir et à exécuter les entreprises
qui deviendront nécessaires pour recueillir le
fruit des circonstances ; ou ne seront-ce pas
les étrangers alors qui, au défaut des Français, feront ces entreprises dont les Français, si même il est besoin d'eux, ne seront
que les agens ou les prête-noms.

Ne vaudrait-il pas mieux avoir entretenu
l'esprit du commerce, que de courir le risque

avec les mêmes ressources qu'avant les troubles du
seizième siècle ? et pourtant , que fait-elle ?

de le faire revivre ? Lorsq
de l'échelle, on est plus prè
lorsqu'on se trouve en bas.

Ces vérités, toutes d'expérien
dentes, que tout ce qui a droit
dre, est qu'on les puisse regar
problématiques.

On convient qu'il est dangereux
s'étouffer dans une nation l'esprit m
on convient que le goût des lettres u
éteint, il faut des siècles pour le ranim
ainsi du reste. Le caractère d'une natio
passe, il ne revient pas d'un coup de
guette; et cela serait-il différent pour le se
commerce ?... Oui, dit-on, l'attrait du gai
fera des négocians; oui, tout comme l'amour
de la gloire fera un officier. Celui-ci fera des
efforts de courage, et se fera tuer : celui-là
fera des entreprises, et se ruinera; et la mort
de l'un, et la ruine de l'autre décourageront
ceux qui auraient pu suivre leurs traces.

Il y a plus : pour peu qu'on ait suivi la
marche du commerce, on saura que là où il
y a cent négocians et cent millions de capital, il se fera plus que dix fois autant d'affaires que là où il n'y a que dix négocians
et dix millions de capital. La concurrence fait

naître les affaires; les importations multi-
pliées, multiplient les exportations, et celles-
ci, à leur tour, multiplient les importations.
Et ce cours d'affaires, une fois détourné, ren-
tre difficilement dans son premier lit.

On peut donc affirmer que la France, en
permettant aux corsaires de vexer les neutres,
ou plutôt en ne l'empêchant pas, se fait un
tort réel pour le moment, dont la nation en
général doit se ressentir, et quelque peu d'individus profiter exclusivement. On peut affirmer que la France, en laissant s'anéantir l'esprit de commerce, et en permettant que le
cours des affaires prenne une autre direction,
se prépare des obstacles qui l'empêcheront de
profiter des circonstances, lorsqu'elle aura
porté les choses en politique au point où elle
désire.

Ce n'est pas tout encore : la course, telle
qu'on l'exerce depuis quelques mois, non-
seulement détruit le commerce des français et
de ses alliés, mais elle fait plus, elle le jette
tout entier entre les mains des anglais. Ce
fait aurait-il besoin de démonstration ? Qu'on
jette les yeux sur cette nation prospérant au
sein des horreurs de la guerre. Qu'on examine
les recettes annuelles de ses douanes, on verra

que l'individu s'enrichit à pas égaux avec
l'augmentation des revenus de l'état ; on verra
que c'est le commerce seul qui met le particulier en état de fournir les taxes énormes
qu'on lui impose sur d'autres objets. Nicra-
t-on ces faits ? Et s'ils sont constans, pourquoi
ne pas *ab hoste doceri.*

Mais ce phénomène pourrait-il ne pas avoir
lieu, est-il dans l'ordre des choses qu'il en fût
autrement ? Une vérité qui ne saurait être ré-
voquée en doute, est que tout le commerce
que ne font pas les neutres, les anglais le font
ou le feront. La liaison d'affaires entre la
Baltique et le Nord, avec la Méditerranée et
tout le Midi, ne pouvant plus être entretenue
par les neutres, l'est et le sera par les anglais
qui, convoyés sur toutes les mers, offrent l'a-
vantage d'une prime d'assurance hors de toute
proportion avec celle qu'un assureur effrayé
avec raison par les captures infinies, presque
toujours suivies de condamnations, exige, et
exige, parce qu'elle lui revient en raison du
risque qu'il court. Il offre un calcul plus certain, car aujourd'hui je vois 10 pour cent de
bénéfice, en payant même 20 pour cent d'assurance ; j'achète en conséquence, et au moment du chargement, un plus grand nombre

de

de captures aura fait monter la prime à 3o pour cent. Voilà toute la spéculation perdue; et quand même le profit espéré surpasserait de beaucoup la prime qu'on donne, il est de fait que jamais on n'a tant vu de procès avec les assureurs, parce que les minuties qu'il faut observer aujourd'hui, leur donnent tant de prise. La haute prime les tente; au moment du rembours, ils en sentent l'impossibilité, ils chicanent par nécessité, et au bout d'un certain tems, se voient ruinés, et avec eux le spéculant. Celui-ci est donc découragé de se servir du neutre, et se confie au pavillon anglais. Là, il peut faire un calcul assuré; il sait que, les dangers de la mer exceptés, son entreprise sera portée à sa fin, que sa marchandise arrivera. Voilà donc la marine marchande anglaise qui reçoit un nouvel accroissement, et voilà une source additionnelle de recrutement pour sa marine nationale.

Encore! Les marchandises, productions des autres parties du monde, devenues inutiles dans les ports français, alliés ou neutres, refluent vers l'Angleterre, et toutes les nations sont forcées de les y aller chercher, avec d'autant plus de désavantage pour elles-mêmes, qu'elles ont mis plus d'empêchemens au commerce direct avec cette île. Les unes sont obligées de faire des circuits; les autres font entrer la marchandise en fraude; les uns et les autres la paient au double : le tout au profit de l'Angleterre. Une telle politique a lieu de surprendre.

On pense, ou plutôt on a pensé qu'en poursuivant la propriété anglaise jusque sur les neutres, on ruinerait leur commerce; a-t-on réussi? Ne voit-on pas au contraire que les anglais paient leurs matières premières aussi ou plus cher qu'en tems de paix? Les cotons, par exemple, à quel prix ne sont-ils pas, tandis que les français et les suisses en consomment moins? Il en vient moins, dira-t-on. Cela est vrai, quant à la France et la Hollande, mais ne l'est pas quant à l'Angleterre; elle paie peut-être un peu plus de fret et de prime, mais elle importe davantage. Dans le vrai, elle importe à-peu-près tout; et d'ailleurs si elle n'avait point de débit, la suite en serait que, malgré le plus de difficultés et de frais d'importation, les prix tomberaient. Veut-on plus? qu'on voie la garance, dont les deux ou trois dernières récoltes en Hollande ont été ou abondantes ou honnêtes, par conséquent à l'égal d'années communes ; eh bien, les anglais la paient au-delà des prix de paix, et, contre ce qui arrive ordinairement, les vieilles sont très-rares.

Toutes ces preuves, et cent autres qu'on pourrait alléguer, mettent dans la dernière évidence, que le commerce des anglais s'élève sur la ruine de celui des autres nations ; que la libre navigation des neutres étant le seul moyen par lequel les autres nations en guerre, et sur-tout la batave, peut encore entretenir son commerce languissant, devrait, par politique, être encouragée, être protégée ; que par conséquent il est de la dernière imprudence d'entraver cette navigation, et que le mal qui en résulte surpasse au-delà de l'imagination le mal pour ainsi dire nul qu'on fait au commerce anglais.

Un moyen aussi simple que juste, serait de saisir toute production ou toute propriété anglaise, même, si on veut, en punissant par la perte du fret ou par une amende, le neutre qui l'aurait transportée DE SON SU ET GRÉ ; mais la justice, aussi bien que la saine politique, semblent réclamer contre la confiscation du navire, dont la perte ne tombe point sur le patron coupable, qui n'est que mercenaire,

mais sur le propriétaire innocent de toute
nécessité, par la raison qu'il ignore le délit.

La justice et la saine politique semblent réclamer contre la confiscation des autres parties de marchandises qui se trouvent à bord.
De toutes les nations commerçantes, il est
avéré que la Batave est la plus intéressée
aux expéditions qui se font sous pavillon
neutre : aussi est-ce elle qui souffre le plus
par les captures. C'est donc contre elle qu'est
dirigée la dureté des lois, et la rigueur des
procédures contre les capturés ; c'est elle
aussi dont le commerce est le plus anéanti;
c'est elle qui, même à la paix, prévoit le
sort le plus malheureux. Serait-ce-là le prix,
la récompense de son attachement inviolable,
de son dévouement aux intérêts de la France?
Des navires destinés pour ses ports, por-
tant sa propriété, passés sans molestation par
les flottes anglaises, sont pris par les corsaires français. Le batave traité moins ri-
goureusement par les ennemis que par ses
amis et ses protecteurs ! Le fait est vrai, et
a droit d'étonner. Ah ! que la nation, que
la législation françaises, revenues des vues
erronnées d'utilité, jettent un œil de compas-
sion sur cette république, jadis si floris-

ante par son commerce , qui ne peut l'être
que par lui , et qui , à l'heure qu'il est , ne
présente que des ports vuides de bâtimens ,
les magasins vuides de marchandises , des
ouvriers sans travail , que des négocians et
eurs nombreux dépendans que le désespoir
gare. Que la France considère que sans
ommerce , la république batave , bien loin
l'être utile à son alliée , lui sera bientôt à
harge ; bientôt ne pourra suffire à son en-
retien physique , et verra ses plaines riantes
onverties en marais ; ses ports comblés ,
es propriétés foncières réduites à rien , à
eine laisser des traces de ce qu'elle fut un
our. Ce sera donc par les mains de son
mie , de sa protectrice , de la république
nère , que la batave aura vu se réaliser le
œu connu d'un orateur d'un parlement
nglais dans le dernier siècle :

Delenda est Carthago.

La seconde question que je me suis pro-
osée, semble, du premier abord, m'être étran-
ère en qualité de batave. On aurait pour-
ant tort de le croire. Le commerce étant
e nerf de la république batave , la source
le sa prospérité , le seul pilier qui la sou-

tient , et le commerce ne pouvant gué
aujourd'hui se faire que sous pavillon a
glais ou sous pavillon neutre; que celui
est le seul qui puissse importer et export
des marchandises des ports en guerre av
la Hollande , il est clair que celle-ci ne sa
rait recevoir ou débiter ses marchandis
que par le canal des neutres (1), que p
conséquent, elle a l'intérêt le plus direct
le plus fort au sort des neutres.

C'est à cause de cet intérêt que je cr
ne pas devoir me dispenser de discuter,
moins en peu de mots, la déviation de la j
risprudence actuelle des prises ou du c
sairage, d'avec le droit des gens. Privé du
cours de tout auteur, même de celui
mon immortel compatriote Hugo Grotius,
ne pourrais faire de citations que de mémoi
et par conséquent , incertaines. A défau

---

(1) Ceci n'est point en contradiction avec ce
j'ai dit plus haut, du commerce que l'on fait s
pavillon anglais. Là , j'entendais les entreprises qu
font d'un pays à l'autre , pour compte batave ou
tres , sans passer par la Hollande. Ici , j'ai en vue
qu'elle reçoit dans ses ports et ce qu'elle en exporte

(23)

je poserai des principes qu'on ne pourra
guère me contester.

La mer est libre à toutes les nations;
premier principe. Que la mer soit une *res
nullius* ou une *res communis*, cette question plus curieuse qu'utile au fait dont il
s'agit, ne saurait influer sur le point en
question ; car il est certain que je ne puis
en occuper que l'usage momentané ; que
par conséquent, celui qui vient après moi
occupe avec le même droit ce même usage.
Second principe : *La nation dans les ports
de laquelle je veux entrer, a seule le droit
de m'en défendre l'entrée, ou l'approche
de ses côtes.*

Elle a donc aussi, peut-on ajouter par
corollaire, seule le droit de m'imposer les
conditions auxquelles elle veut me permettre
d'entrer dans ses ports ou d'approcher de ses
côtes ; d'où il suit qu'aucune autre nation
ne saurait s'immiscer là dedans sans blesser
son indépendance. Appliquons brièvement
ces principes. La mer étant libre, on ne saurait en défendre l'usage aux neutres : que ce
soit à l'avantage ou au détriment d'une des
nations en guerre, cela ne change point la
nature du cas. Du moment que moi, neutre,

ai droit à l'action que je fais, je ne fais point de tort. *Neminem ledit qui jure suo utitur.* Ce titre, *ad legem aquiliam*, le plus intéressant et le plus philosophique de tout le digeste, est rempli de décisions claires à ce sujet. La France n'a donc pas le droit de défendre aux neutres de transporter sur mer des marchandises quelconques. Mais, objecte-t-on, les neutres pourront-ils de droit, porter même des munitions, des armes à nos ennemis ?

Assurément oui, d'après le droit de la nature (*jus naturae primarium*), mais non pas d'après le droit de nature secondaire, (*jus naturae secundarium*),appellé droit des gens. Ce droit des gens est introduit par ou fondé sur les traités exprès, sur les conventions tacites, sur l'usage reçu d'un consentement unanime, ou du moins de la grande majorité des nations policées.

Delà, une seule nation ne saurait innover de son chef, et de toutes, cette nation pourra le moins le faire, qui a détruit *le nutu stabunt cadentque reges*, ce monument de l'orgueil tyranniqne, et du délire de la prospérité.

Voudrait-on, pourrait-on, sans rougir,

imputer à la France de vouloir conserver la réalité après avoir détruit l'inscription? On voit communément la chose sous un faux point de vue. On dit, on voudrait du moins faire croire que tout commerce qui n'est pas sanctionné par les traités, n'est pas libre; tandis qu'au contraire , tout commerce , toute navigation sont libres, qui ne sont pas défendus par les traités , par les conventions ou par l'usage : de façon qu'au lieu de chercher si les traités existent encore, ont encore force mutuellement obligatoire, on aurait dû déterminer si telle ou telle navigation, tel ou tel commerce, est contraire ou non à la loi naturelle, ou au droit des gens.

Les traités, considérés dans leur véritable jour, ne sont au vrai que des restrictions à la liberté mutuelle des nations, des actes où l'on convient de ce qu'il ne sera point permis de faire, et où on ne traite des actions permises que pour la précision. Ce qui est vrai, en pleine mer, l'est doublement sur les côtes et aux embouchures des rivières. Il est reçu en droit public que le refus d'entrée ou d'asyle est regardé comme une action hostile. Delà , une nation doit secours et protection à l'étranger qui aborde dans ses rades;

delà , l'obligation de dédommagement , au cas que cette nation permette que la sûreté de ses ports soit violée par un tiers ; ce tiers donc qui force cette nation de violer l'hospitalité envers un étranger , lui fait faire un acte d'hostilité envers lui. On ne niera , en tout cas, point que d'exercer une autorité quelconque sur le territoire d'un état libre et indépendant , est reconnaître bien faiblement sa liberté et son indépendance.

Appliquons maintenant tout ce qui a été dit à la conduite des corsaires aux embouchures de la Meuse. C'est mon troisième point.

C'est ici que se déploie toute la force de la cupidité peu scrupuleuse sur les moyens. Lorsqu'un navire est une fois entré dans les canaux que forment les bas-fonds ; que ce navire a déja à son bord un pilote-côtier , domicilié à Helvoet-Sluis ou à la Brille; que le cours du bâtiment est dirigé vers un de ces ports ; que ses papiers de bord le démontrent...... Est-il un homme sensé qui puisse révoquer en doute que ce navire ne soit en chemin pour arrriver dans l'un ou l'autre? La marée favorable pour l'entrée est contraire à la sortie. Le navire est sous voile avec la marée montante ; il ne peut donc qu'entrer. A présent, de deux choses l'une : ou le navire peut-être soupçonné d'être en fraude, ou en contravention, ou ne saurait l'être. Dans le dernier cas, pourquoi le moleste-t-on ? Dans le premier, n'y a-t-il pas le gouvernement batave avec la force et la volonté suffisantes pour le punir, s'il est coupable ? Ce gouvernement ne doit-il pas recevoir les déclarations du maître neutre et des consignataires bataves ? N'a-t-il pas les officiers préposés à vérifier ces déclarations, à visiter la marchandise, à la confisquer, s'il y a lieu ? Tout cela peut se faire sans retard, sans frais, sans procédures, et sur le vu des marchandises mêmes ; par conséquent, avec mille fois moins de possibilité d'erreur que sur le vu des papiers de bord et sur la déposition d'un matelot ou d'un mousse, qui le plus souvent n'entend pas le quart de ce qui lui est demandé par un interprète. Il faut être armateur, pour soutenir, sans se déconcerter, que le bien public exige que la vérification de cette fraude ou contravention, vraie ou fausse, se fasse par un corsaire. N'est-ce pas abuser des termes ? N'est-ce pas accuser effrontément le gouvernement batave de partialité ou de négligence ? Lui qu'onne

saurait, avec ombre de justice, accuser qu
d'avoir, dans la proportion, le plus sacrif
des intérêts de ses citoyens à ceux de l
cause commune. N'est-ce pas inculper l
gouvernement ou les tribunaux bataves, d
vouloir favoriser un commerce illicite, eu
qu'on ne saurait assurément pas accuser d
manquer de complaisance, dirai-je, ou d
soumission à la plus légère manifestation d
la volonté du moindre officier ou employ
français? Accusera-t-on les juges bataves d
corruptibilité par l'or anglais ou par tou
autre? Je connais nos juges, tant du régim
passé que de celui d'aujourd'hui, et je pro
nonce hardiment calomniateurs tous et u
chacun qui osera le dire.

Quel autre motif réel et véritable reste-t-
donc aux corsaires, pour vouloir ôter aux ba
taves la connaissance des infractions commi
ses par les neutres, sinon que l'espoir de s'em
parer en même tems de la propriété batave e
innocente qui se trouve sur le même bord. .
Qu'on pese cette observation, elle le mérit
par sa justesse et par l'importance de se
suites....

On dira la même chose des navires qu
sortent. Le gouvernement batave qui a reç

les déclarations des chargeurs, qui fait faire les visites, qui a la faculté d'arrêter les marchandises, de faire visiter les bâtimens, n'est-il pas le plus à portée de découvrir et de punir les fraudes ou les contraventions? Et si on ne le croit pas assez instruit, que les émissaires des armateurs communiquent aux amirautés ou autres autorités constituées, les listes qu'ils transmettent aux maîtres des corsaires; ils le font à ceux-ci avec assez de détail, mais on a raison de croire avec peu de précision, parce que le chargeur, qui a intérêt de se cacher, saura bien échapper à leurs recherches. Que ces émissaires connus et montrés au doigt chez nous, s'adressent donc à nos autorités, et je croirai à leur amour pour le bien commun; et eux, de chargés qu'ils sont de l'exécration publique, deviendront des instrumens utiles pour prévenir des menées que les lois des deux nations réprouvent.

On demande pourquoi les navires neutres sortis en lest, et en général ceux *qui modo nil quare percutiantur habent*, ne sont jamais, au grand jamais, arrêtés? Ou serait-ce que, par un bonheur extraordinaire, ces bâtimens, de nulle valeur, auraient scrupuleusement observé, pour leurs rôles d'équipage et autres papiers, toutes les formalités qu'on exige ? ou l'observation de ces formalités ne deviendrait - elle intéressante pour les corsaires, qu'au moment que les navires sont chargés de riches cargaisons ?

Sic reus ille fere est, de quo victoria lucro esse potest.

(Celui-là est presque coupable, sur lequel la victoire peut apporter du profit.)

Encore si on pouvait accuser avec raison les bataves de faire le commerce avec l'Angleterre, ou du moins si ce commerce n'y était pas aussi fortement défendu et aussi efficacement prévenu qu'en *France* même. L'assertion est hardie, mais elle est fondée : les armateurs le savent aussi bien que moi, mais se garderont de le dire. Je le dis, parce que cela est vrai. Je le dis, parce qu'il est vrai que des anglais ont fait venir des marchandises, des lettres mêmes, POUR PLUS DE SURETÉ, par   . L'astuce ou la mauvaise foi n'en sauraient imposer qu'à ceux qui sont étrangers aux détails.

Mais encore une fois, ce n'est pas pour le commerce avec l'Angleterre que je m'intéresse ; qu'on sévisse contre lui tant qu'on voudra, mais qu'on n'enveloppe point, dans une même proscription, le commerce innocent des bataves; qu'il leur soit permis de faire venir des productions de pays neutres ou amis pour leur compte; de les recevoir et vendre pour compte neutre, si on les leur confie; qu'il leur soit permis d'exporter les productions de leur sol ou de leur industrie, pour des ports hors de la guerre actuelle ou y ayant part du même côté qu'eux. Les planches qu'on reçoit de Norwège, les fruits qu'on reçoit de la Méditerranée, du Portugal, sont-ce jamais des propriétés anglaises ? La possibilité en peut-elle entrer dans l'esprit d'un autre que d'un armateur. Qu'on accorde sûreté aux marins neutres contre les violences des corsaires et des maîtres de prises. J'en peux parler plus sciemment qu'un autre, parce que j'en ai été le témoin plus que bien d'autres, et on ne les effraiera point, on ne les écartera point de nos ports. Carybde et Scylla inspiraient moins de crainte aux navigateurs anciens, que, de nos jours, font Helvoet et la Brille. Un neutre est-il pris, les arrestations violentes hors d'accès, sans oser parler ou écrire à correspondant, ou

à qui que ce soit , les destructions , les spo-
liations les plus illégales suivent aussi-tôt.
Un neutre veut-il réclamer la protection de
son consul ? on fait tout ce qu'on peut pour
l'empêcher ; en un mot, on en agit avec lui
et avec son vaisseau, comme avec son ennemi. Les menaces de brûler la cervelle, de
fendre la tête, appuyées de pistolets montrés
et de sabres nuds , sont les points et les vir-
gules des discours que des marins, noyés
dans la liqueur forte, tiennent à ces malheureux neutres sans défense. Et aujourd'hui
que les corsaires ne sont plus montés par des
français ; que leurs équipages, composés du
rebut de toutes les nations, sont faiblement
intéressés à la gloire du nom français, il
est devenu plus nécessaire de les tenir en
bride par des lois sévères exactement main-
tenues.

Tout ce que je dis je l'ai vu de mes deux
yeux ; je l'ai vu avec horreur ; et je voudrais
l'inspirer cette horreur à la nation, à la législation française qui , jusqu'à présent,
n'ont pris d'information que par les armateurs intéressés à déguiser la vérité. Je voudrais dire à la législation française , vos cor-

saires

saires prennent même sans commission ; le
petit Capadou, de Dunkerque, en fournit la
preuve. Est-il puni ? Je l'ignore. Il y a
donc des pirates dans le nombre. Je lui dirais :
vos corsaires déshonorent votre pavillon ;
au lieu de s'exposer en mer et de prendre là
les navires véritablement ennemis, ils se
font soupçonner de lâcheté, en restant ca-
chés dans les ports sous la protection du
canon batave, pour ne détruire que le commerce des bataves. Je dirais : là, comme des
chats qui guettent une souris, vos corsaires
tombent sur un malheureux neutre, qui bé-
nissait déja le ciel d'avoir emmené sa navigation à une fin heureuse. Je dirais : ils font
moins de façon encore ; un corsaire resté à
l'ancre, sous le canon de la batterie du Goe-
lerhede, envoie sa chaloupe prendre un neutre qui entre : c'est un raffinement digne du
corsairage moderne. Je dirais : si mon navire
ou ma propriété est relâchée, je dois donner
caution, et le *quantùm* de cette caution est
arbitraire, sinon par la loi, du moins par
le fait ; et l'ordre de fournir cette caution
n'est point exprimé dans le jugement com-
missarial ; ces jugemens ne sont pas clausu-

C

lés! Si donc je me trouve grévé, je ne saurai
appeller. J'en puis administrer la preuve pa
écrit. J'invoquerais l'attention de la législation française sur un abus des corsaires qui
entrant, par exemple, à Helvoet, s'arrogent l
droit de ne point faire de rapport au vice
commissaire de Rotterdam, et passent ave
leurs prises à Flessingue, au risque éviden
des capturés qui, destitués du commande
ment, voient leur propriété, quoiqu'encor
non jugée, et dès-lors possiblement innocen
te, exposée à la conduite d'un maître de prise
rarement un bon navigateur. L'évènemen
arrivé, il y a dix ou quinze jours, au navir
Johanna, prussien (*ni fallor*), justifie l
plainte. Je dirais que les consuls neutres, ré
clamant contre ce changement de lieu, n
sont pas écoutés. Je représenterais les na
vires, une fois à Flessingue, privés du soi
et de la garde de leurs équipages et de leur
patrons, qu'on chasse à terre comme des ma
faiteurs. Des neutres, des amis ou alliés tra
tés, à l'emprisonnement près, comme de
ennemis! Il n'est pas possible que le gou
vernement français tolère ces excès, aprè
les avoir connus.

Et comme batave, je représenterais à la législation ses bons, ses fidèles alliés, tous aussi prêts à faire des sacrifices pour la cause commune, qu'éloignés de se voir patiemment écorchés, seulement pour enrichir quelques individus, au détriment même de cette cause intéressante. Je les représenterais victimes de lois dures, et d'une procédure plus dure encore, attaqués dans le siége même de leurs parties vitales, et cela par la main dont ils avaient droit de n'attendre que protection.

La république française n'aurait-elle créé la batave que pour la plonger dans l'abîme le plus affreux de misère, que pour l'anéantir, que pour faire triompher d'elle leur ennemi commun ? Français ! est-ce de vous que nous devions attendre ce coup mortel ? Français....! quelles idées ce nom réveille ? de quel espoir il anime ? Non ! ennemis prononcés de toute oppression , vous ne la favoriserez pas pour plaire à la partie la moins intéressante de votre nation. Protecteurs prononcés de la liberté des mers , vous ne souffrirez point que vos corsaires la violent à l'ombre de votre puissance. Vous ferez taire les mal-veillans qui , dans la Hollande même, tàchent de vous aliéner par intérêt, ceux qui vous sont attachés par principes ; et sous la protection de votre justice (on n'implore qu'elle) la nation batave renaîtra une seconde fois et vous bénira pour toujours.

Paris, 17 *thermidor an* 6.

J. S. AMALRY, Négociant et Avocat à Rotterdam.

RÉFLEXIONS

Sur quelques passages d'un écrit ayant pour titre : Observations sur le rapport du ministre des relations extérieures, *rerelatif à la législation des prises.*

Après avoir fini le mémoire ci-dessus, il m'est tombé entre les mains une brochure intitulée : *Observations sur le rapport du ministre des relations extérieures,* etc. J'ai cru devoir relever quelques propositions qui m'ont paru erronées. Les suivantes m'ont paru les plus intéressantes. J'en ai passé beaucoup d'une conséquence moins directe.

Page 2. *Les fonctions judiciaires.* Cela est vrai ; mais sur quoi porte l'acte de constitution ? etait-ce une constitution pour l'Europe, pour l'univers ? On ne voudra pas le dire. Or, ces lois des prises regardent un tiers et des actes commis hors du territoire de la nation française. Dès-lors, il s'agit de droit des gens, de droit naturel, de traités, etc. Tout cela est-il du ressort d'un tri

bunal quelconque? l'effet prouve le contraire.
Le droit de la nature, j'ose le dire, et défier
qui que ce soit de me prouver le contraire,
le droit de la nature le dit, qu'aucune loi
n'a force rétroactive. Dans les tribunaux, du
moins en premières et secondes instances,
on l'attribue, ce droit, à la loi du 29 nivôse. Est-il preuve plus évidente que les
tribunaux se tiennent à la lettre stricte des
lois positives ? En est-il une plus forte de la
nécessité de nantir d'autres tribunaux de la
connaissance des matières de prises, qui
puissent, sans blesser leur conscience, prendre en considération ce que la France doit
au neutres, et ceux-ci à la France ou du
moins de donner aux tribunaux existans une
autre norme pour leur jugement.

Deux pouvoirs hétérogènes. On a l'exemple de la chambre mi-partie: ce n'est pas
le jugement qui est hétérogène, c'est la nature des causes, c'est l'impunité des corsaires, lorsqu'ils sont en faute.

Page 3. *Qui toutes présentent de préala-*
bles questions de propriété. Cet exposé est
juste dans les termes, mais non dans la chose.
Il s'agit, outre les questions de propriété, de

lois pénales, en vertu desquelles une propriété peut et doit être ôtée au propriétaire. Ce propriétaire n'est soumis à la peine qu'en conséquence des lois nées, des traités, du droit des gens, du droit naturel, tous autant de points qui ne servent jamais et ne peuvent servir de règle aux tribunaux, de la manière dont ils sont constitués.

Page 3. *Les français ne peuvent être distraits.* J'en conviens; mais c'est mal concevoir, ou du moins mal proposer la question. Ce ne sont pas des français dont il s'agit, ce sont des étrangers dans l'état parfait de nature, vis-à-dis des français, et qui ne sont liés ou obligés à ceux-ci, en dérivant, d'après Wolff, le droit de l'obligation, ou sur lesquels, d'après la plupart des publicistes, les français n'ont de droit que celui que leur donne le droit de la nature primaire ou secondaire, ou le droit positif acquis par des traités exprès. Il est donc absolument essentiel aux tribunaux d'être instruits du droit qui doit leur servir de règles pour leurs jugemens, et d'avoir les instructions les plus positives de suivre ce droit. Quelle est la nature du contrat social ? Ce ne peut être autre que ce contrat entre

chaque individu d'une société civile, et le
total de cette société excepté cet individu
C'est une société très - inégale en nombre
mais parfaitement égale en droit, dont les loi.
présentes et futures sont les conditions et le.
clauses. La société civile, représentée par le
gouvernement, quelle qu'en soit la forme, ne
saurait être juge entre elle et un de ses mem
bres ; de-là l'origine des tribunaux, et de-là la
nature et les limites de leur pouvoir judiciaire. Ce sont des vérités reconnues si universellement depuis que la jurisprudence naturelle a été cultivée, *ut non audiatur si qui*
contra dicere velit, comme dit Cicéron, *de*
legibus, qu'on n'écoute point celui qui vou
drait les révoquer en doute. Mais si cela es
vrai, si tout jugement à intervenir, si toute
fonction judiciaire suppose une convention
mutuelle, antérieure, tacite ou expresse en
tre le demandeur et le défendeur, où cher-
chera-t-on, où trouvera-t-on cette convention
mutuelle entre un français ou la nation fran
çaise et un danois, un prussien, un batave ou
un autre ?... Un juge français ne saurait donc
avoir aucun pouvoir judiciaire sur un individu de ces nations, à moins que, par le fait, il
ne s'y soumette, en venant en France. Les ju-

gemens en matières de prises seraient-ce donc autant d'actes de violence ?... Point du tout ; c'est le droit de la guerre, qui permet à toute nation en guerre de faire A SES ENNEMIS le plus de mal qu'elle peut.

Aussi, que font les tribunaux alors ? Ils constatent la propriété ennemie, et du moment que celle-ci est prouvée, quelle qu'en soit la nature, quel que soit ou qu'ait été le but du propriétaire, du moment que celui-ci est ennemi, elle est confisquée. Mais il n'en est de même des neutres ni des alliés. Vis-à-vis d'eux, les traités, et, à leur défaut, le droit immuable de la nature et celui des gens doivent décider. Toute question donc avec un neutre est et doit nécessairement être en partie diplomatique : toutes les raisons de convenance, de nécessité des circonstances, du côté d'une des parties, ne peuvent apporter aucun changement. Les tribunaux donc doivent être obligés de prendre en considération la jurisprudence existante entre les nations en général, ou en particulier entre les parties en cause ; ou bien la cause, quoique jugée définitivement, même par le dernier tribunal d'appel, devrait être remise de nouveau à une discussion politique, ce qui rendrait illusoires les premiers, et en feraient un jeu d'enfans.

Page 6. *Jamais sur les convenances politiques.* Entendons-nous ! Je ne dis point qu'un *tribunal* doive relâcher un navire neutre, ou une propriété amie et alliée, parce que le gouvernement de ce neutre ou de cet allié peut être utile ou nuisible au gouvernement de ce tribunal ; mais si, aux mots de convenance politique, on substitue ceux de conventions politiques, c'est-à-dire, de traités, s'il y en existe, et à leur défaut, le droit de la nature et des gens, le seul lien obligatoire des nations, la proposition de l'auteur se serait détruite d'elle-même. Mais il intéresse souvent d'en faire d'obscures.

Page 10. *Peut-être conviendrait-il à la loyauté française.* Il me paraîtrait à moi convenir à la loyauté française de donner aux tribunaux un code de lois qui pussent être supposées lier les parties ; or, comme les parties ne peuvent être liées que par le droit des gens, il conviendrait tout uniment de donner aux tribunaux l'instruction de condamner tous les neutres qui l'auraient enfreinte. Les traités, s'il en existe, serviraient à modifier le droit reçu de nation à nation, et on jugerait, d'après eux ; quand il n'y en existerait point, on verrait si l'action du neutre était licite ou non, et dans cette décision, on ne s'arrêterait point à ce qu'un gouvernement, quelque puissant qu'il soit, aurait décrété ; sentant l'origine du droit de juger, on vérifierait quelle jurisprudence lie les nations : du reste, les référés des commissaires étant *merae facultatis*, c'est faire dépendre le sort des particuliers de la bonne ou mauvaise digestion du commissaire.

Page 11. *Les lois et les traités doivent être l'unique boussole.* Cela n'est point, n'a jamais été, et tant que la justice n'aura pas fui cette malheureuse terre, ce ne sera jamais. Avez-vous fait un traité avec la Chine ? Et sur ce fondement, soutiendrez-vous que le chinois n'a point de droits à réclamer ? Les vôtres, direz-vous vous... ! La plaisante chose qu'un chinois doive connaître ce qu'on décrète à Paris, à Londres ou à Amsterdam.

Page 10. *Toutes les fois que les priviléges de la neutralité.* Et au nom du bon sens de quoi parlons-nous tout ce tems ? de quoi s'agit-il? Du privilège des neutres, et de rien autre chose au monde. Le référé doit donc être de nécessité dans tous les cas. Mais le référé est-il suffisant? Or, comme les tribunaux restent encore dans leur entier après ce référé, on sent qu'il n'est pas obligatoire pour eux, et parconséqnent que ce serait une mesure insuffisante.

Page 11. *Que les tribunaux aient en matière, etc.* Le ciel me préserve d'attribuer au gouvernement d'approuver tous les jugemens, je me croirais coupable au premier chef, en l'insultant à ce point. J'aime mieux croire que le gouvernement est mal instruit, et que, du moment qu'il sera éclairé, que d'après une recherche exacte, il aura vu ce que des raisons de prudence me font taire, qu'il aura vu peut-être des portions d'armement en blanc distribuées; des gens arrivés dans des ports, sans le sou, étaler, six semaines après, un luxe aussi insolent que désespérant pour le négociant industrieux et honnête, qui voit trainer le fruit de vingt ans de travaux par les rues de..... Sa justice et sa gloire, également intéressées, feront disparaître tout sujet de plainte.

Page 12. *Cette supposition répugne.* Elle ne répugne pas, puisque les tribunaux donnent force rétroactive à la loi du 29 nivôse. Or, il a été, jusqu'au 29 nivôse an 6, contre tout droit des gens, de la nature, et tous principes de droit divin et humain, de supposer une loi obligatoire pour celui à qui elle n'a pu être connue.

Même page. *Peut-on concevoir.* Je ne conçois rien au désavantage des tribunaux; mais je conçois qu'il est naturel et juste de leur dire : Voyez dans les causes de prises, portées devant vous, si le neutre, marin ou propriétaire, a commis quelque chose contre un traité qui le lie envers nous. A défaut, prenez la loi naturelle et le droit des gens pour règle ; et se rencontre-t-il un cas difficile, consultez-nous.

Page 13. *La décision isolée.* Je croirais qu'oui ; et son message le prouve assez ; et je dois supposer que ce message exprime les véritables sentimens du directoire. Si je pensais le contraire, je le dirais : le Batave n'a pas coutume de déguiser ses sentimens ; et je déclare hautement, même indépendem-

(16)

ment des intérêts de mes commettans , q
j'approuve ce message avec enthousiasme

Même page. *Il n'y a que le déni de ju*
tice. Si on entend par-là le refus de fai
droit, c'est-à-dire, de juger, le principe e
nouveau ; mais si on entend juger contre
droit d'un tiers, la proposition est fauss
Vous me faites injustice lorsque, sans lo
qui nous lient vous et moi, vous m'ôtez
qui m'appartient. Vos lois particulières so
excellentes pour vous et pour tous ceux q
y sont sujets; mais suis-je justiciable s
elles ? y ai-je consenti, soit expressémen
soit tacitement... ?

Page 14. *Dans les mains.* C'est jouer s
les mots. Nous savons tous que je suis sen
faire ce que je ne défends pas, pouvant
défendre.

Même page. *Ces principes sont aussi di*
férens. Que fait-on sur terre? on se saisit d
la souveraineté : les propriétés particulière
demeurent intactes. Sur mer, c'est précisé
ment le contraire. Mais, au nom de Dieu, est
on donc en guerre avec les neutres! Soyon
du moins exacts dans nos applications.

Page 19. *Améliorons nos lois ; perfection-nons l'ordre judiciaire.* J'espère l'un et l'autre, et je l'attends de la justice de la législation. Et quant à la procédure, je fais des vœux pour qu'en donnant plus de tems aux capturés, on ferme la bouche aux malveillans, qui se plaisent à représenter les courts délais relatifs à la production de pièces, surtout de propriété individuelle, comme autant de filets auxquels il est difficile d'échapper.

Dans la procédure, on réclamera aussi contre l'usage de vendre provisoirement les cargaisons avant une sentence définitive ou acquiescée. Si la marchandise est périssable, le proprietaire, qui espère toujours gagner sa cause, y consentira de son gré. Si elle ne l'est pas, la précaution devient inutile.

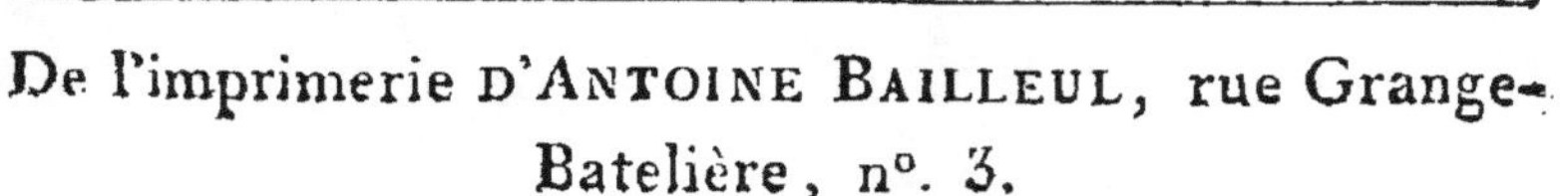

De l'imprimerie D'ANTOINE BAILLEUL, rue Grange-Batelière, n°. 3.

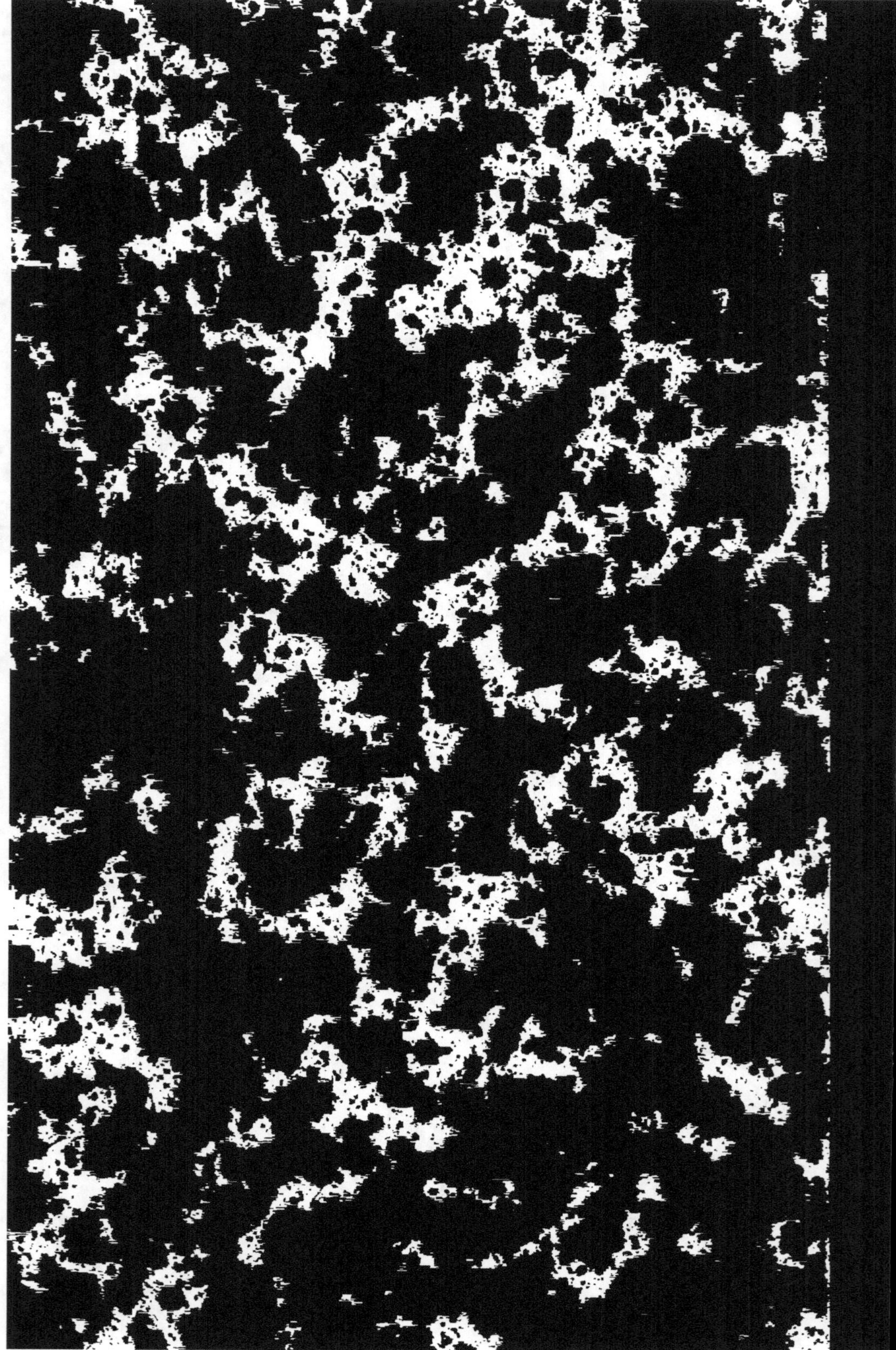